Теория Современной Семьи

Яков Шерман

ISBN 979-8-9921897-7-3

Оглавление

Пролог

Процесс воспроизводства населения развивается от биологических механизмов в направлении усложнения биологических механизмов добавлением социальных усложнений. Развитая часть современного человечества разделена на государства, эволюционирующие в процессе развития экономики и военных столкновений между собой. В современных государствах воспроизводство населения осуществляется внутри семьи. Исторически, к настоящему времени сохранились только две формы семьи:

1. Обычная. Состоит из одного мужчины и одной женщины (например, в районах христианства)
2. Многожёнство. Состоит из одного мужчины и нескольких женщин (мусульмане, мормоны)

Многожёнство нарушает равноправие мужчин и женщин, поэтому исторический прогресс сотрёт эту форму семьи. Мы будем рассматривать только обычные семьи (один мужчина и одна женщина).

Цель семьи – рождение и воспитание детей вплоть до интеграции выращенных детей в социальную структуру общества (минимальный возраст гражданское совершеннолетие). Партнёры современной семьи (муж и жена) РАВНОПРАВНЫ и в семье ДОБРОВОЛЬНО, имеют право уйти из семьи в любой момент (развод). Если право уйти из семьи не обеспечивается возможностью, то это право нереализуемо, и семья не современная. Нужны материальные возможности:

1. Жильё
2. Достаточное финансовое обеспечение у желающего развод партнёра
3. Организация быта детей

В настоящее время во многих семьях зарплаты партнёров достаточны, чтобы арендовать квартиру и содержать детей без второго партнёра. Это одна из причин резкого увеличения количества разводов. Уровень образованности населения (значит и партнёров) повышается в связи с развитием науки и техники. По прогнозу в США к 2050 году маркет рабочей силы запросит 80% рабочей силы со степенью не ниже бакалавра. Зарплаты будут расти соответственно уровню образования. Т.е. будущее за СОВРЕМЕННОЙ СЕМЬЁЙ, в которой партнёры РАВНОПРАВНЫ и в семье ДОБРОВОЛЬНО. Растёт количество поводов для развода в связи с драматически усложняющимся уровнем развития духовного мира партнёров. Согласование развитых духовных миров партнёров внутри СОВРЕМЕННОЙ СЕМЬИ вещь непростая, а без этого согласования угроза развала семьи очень реальна. Эта же проблема согласования духовных миров будущих партнёров затрудняет создание новой семьи.

Согласно науке демографии, чтобы сохранять численность населения в государстве, нужно иметь, в среднем, 2,1 ребёнка на семью. В России этот коэффициент 1,5. В Южной

Корее этот коэффициент 0,7, и численность армии за шесть лет уменьшилась на 20%. Решение проблем СОВРЕМЕННОЙ СЕМЬИ, по крайней мере для России и Южной Кореи, актуально.

Глава 1. Секс – биологический метод восстановления популяции людей

Человечество унаследовало секс как механизм размножения людей из животного мира. Некоторые изменения произошли, но Дарвиновская суть осталась. Лучшие особи должны стремиться пароваться с лучшими доступными особями. Шкалу сексуального стремления можно изобразить следующим образом:

1. любовь

2. симпатия

3. нейтральность

4. антипатия

Пока люди жили кучно относительно небольшими группами (род, племя), эта шкала сексуального стремления работала в процессе воспроизводства населения группы. Хотя возникает вопрос генетического вырождения малых групп. Очевидно, были какие-то межгрупповые связи, решающие проблему генетического вырождения. С развитием социальной структуры общества происходит социальное расслоение (например, рабовладельцы и рабы). Шкала сексуального стремления перестаёт работать (рабу не позволено воспылать страстью к рабовладельцу). Эволюция надстроила психологические методы сознательного контроля над инстинктами (жажда, голод, секс). Воля (волевые процессы) позволяет человеку сконцентрировать своё внимание на конкретной сиюминутной деятельности (цели), игнорируя сигналы организма о потребностях, которые можно отложить. Вырабатывались социальные правила (нормы) удовлетворения потребностей в питье, еде, сексе. Например, потребность в еде в современной семье удовлетворяется за обеденным столом, сервированным салфетками, вилками, ложками, и ножами. Аналогично секс оформили в рамках семьи, и в религиозных правилах провозгласили: «Не возжелай жены ближнего».

Социальная организация общества и сексуальные инстинкты очень несогласованные. Разберём ЛЮБОВЬ. Это очень сильная эмоция, способная побудить человека к самоубийству (описано Шекспиром в «Ромео и Джульетта»). Реализовать взаимную любовь в случае Ромео и Джульетты оказалось невозможным из-за социальных проблем. К сожалению, влюбившийся человек очень часто не получает взаимности, объект любви не отвечает взаимностью. Ещё хуже, работают пословицы «Любовь слепа», и «Любовь зла, полюбишь и козла». Духовный мир объекта любви может оказаться принципиально не сопрягающимся с духовным миром влюблённого. В этом случае, попытка жить вместе всегда приводит к провалу. С развитием духовного мира общества вырабатывается инстинктивная сексуальная реакция на духовный мир человека, в дополнение к биологическим факторам. Хороший пианист, хороший певец, поэт, хороший специалист в какой-то области знаний, понимающими субъектами противоположного пола воспринимаются, как минимум, объектами симпатии. Возникает даже ПЛАТОНИЧЕСКАЯ ЛЮБОВЬ, суть которой относительная независимость от физических характеристик объекта любви.

При ослаблении воли в результате потребления алкоголя или усталости инстинкты секса работают ощутимо. Достаточно поцелуя в губы, чтобы инстинктивно полный процесс секса совершился, т.к. воля отключается и нет возможности остановится. Природа предусмотрела всё, чтобы секс как способ размножения, начавшись не кончался. Для семейных участников такого случайного внесемейного секса последствием может быть развал семьи. Привычное совместное пребывание на работе или в спортзале тоже притупляет волевой контроль сексуальных инстинктов. Сексуальное влечение возникает. Для сохранения семей общество должно учитывать такие эффекты сексуальных инстинктов. Например, уголовно наказывать личных тренеров за секс с клиентками, наказывать участников секса на предприятиях и в организациях.

Особые случаи использования секса в специфических социальных условиях

Случай 1. Очень редкое население.

На Севере живут народности на больших территориях с редким и немногочисленным населением. Если у них останавливается на ночь мужчина другой национальности (например, геолог), то хозяин даёт ему в постель жену и взрослых дочерей. С точки зрения генетики это очень правильное действие для расширения генетического фонда народа, спасающее от генетического вырождения. Они не знают законы генетики. Но они эмпирически нащупали обычай, позволяющий выжить народу.

Случай 2. Отсутствие женщин в данной местности

В 1830-1840 годах происходило резкое расширение территории США, и фермеры осваивали новые территории. Была практика привоза из Европы осуждённых на смертную казнь женщин и продажа их на ярмарках фермерам в качестве жён. Попав в новые социальные условия, эти женщины-криминалы становились хорошими матерями, умело управляли домашним хозяйством, т.е. превращались в нормальных жён.

Случай 3. Женщина лёгкого поведения из провинциального города ищет мужа

В провинциальном русском городе девочка Лена из благополучной семьи, начиная со старших классов, увлеклась мужчинами вопреки усилиям своих родителей. По окончанию школы устроилась на работу на местную фабрику, продолжая тратить своё свободное время на увлечение мужчинами. Репутация женщины лёгкого поведения твёрдо укрепилась за ней в городе. Через несколько лет она обнаружила, что её одноклассницы за это время вышли замуж и нарожали детей. В общественных местах они гуляют со своими мужьями и детьми. А у Лены ничего этого нет. Лена с удовольствием держала на своих руках детей подруг и в какой-то момент поняла, что тоже хочет иметь своего ребёнка. Родить его, кормить грудью, учить ходить, учить разговаривать, услышать от ребёнка слово мама, радоваться успехам ребёнка. Инстинкт материнства в ней проснулся. Она осознала, что истратила своё время на сексуальные утехи. Её подруги одноклассницы в это время строили семьи. Даже те подруги, от которых ушли мужья, и матери-одиночки, имеют детей. А у неё нет ничего. Ноль. Время истрачено бесцельно, на удовольствия. Продолжая такой образ жизни, с чем приду к концу жизни? Ребёнка завести несложно. Выбрать мужчину, пофлиртовать с ним, провести ночь, и через девять месяцев результат. Лена видела, что матери одиночки имели бытовые трудности, но её это не смущало. Она знала, что её родители помогут вырастить ребёнка и без мужа. Однако по своему опыту она знала, что для полноценного развития ребёнка нужен отец. Отец водил её с братьями и сёстрами на прогулки, помогал матери организовывать именины, и т.п. Дети знали, что отец их любит, всегда защитит их и поможет. Отец вместе с матерью всегда были её психологической опорой. Значит она должна найти мужчину, который станет отцом её детей, и её мужем. А она будет любить отца своих детей (в данный момент будущих). В родном городе, из-за дурной славы развратной женщины, никто не захочет стать её мужем. Родители говорили ей пословицу «Береги платье снову, а честь смолоду». Тогда она их не слушала. Сейчас приходится расхлёбывать. Нужно уехать из родного города, подальше, туда, где много мужчин и мало женщин.

Лена решила завербоваться на Север. Там много работящих мужчин и очень мало женщин. Мужчины, как правило, едут туда заработать деньги, вернуться с деньгами домой, купить дом, машину, и жениться. Есть из кого выбирать отца своим детям. Трудные природные условия жизни и необходимость тяжело работать не смущали Лену. Ради своих будущих детей она готова была идти на всё.

Как только Лена прибыла на Север, молодую симпатичную девушку мужчины сразу же заметили и стали флиртовать с ней. Но она всех флиртующих отшивала. Это бабники. Ей бабники не нужны. Она обратила внимание на мужчин, не заигрывающих с ней. Из этих мужчин она выбрала подходящего, стала флиртовать с ним, и только с ним. Одинокий мужчина не может устоять перед флиртом симпатичной женщины при отсутствии женской конкуренции. По крайней мере, на одно свидание он её пригласит. На первом же свидании Лена убедилась в его порядочности и рассказала ему о своей голубой мечте иметь детей. Лена поняла, что он, как положено порядочному человеку, будет долго ухаживать, как минимум год, а то и более, прежде чем сделает предложение. Чтобы ускорить, нужно, не теряя образа приличной женщины, завлечь его в постель, и забеременеть. Конечно, если он по каким-то соображениям откажется жениться, нельзя принуждать. Ей не нужен отец для её ребёнка по принуждению. Отец должен хотеть и любить её детей. В случае отказа жениться, она поедет к родителям рожать и растить своего ребёнка. Как минимум, её ребёнок будет от порядочного человека.

Приличные женщины не ложатся в постель на первом свидании. Аналогично на втором свидании. А вот на третьем и далее уже можно. Лена на одной из обычных вечеринок, на которые она ходила только со своим избранником, сделала вид, что алкоголь слишком сильно подействовал на неё. То ли по причине плохого закусывания, то ли по причине усталости, обычная доля алкоголя сделала её пьяной. Сыграть роль перебравшей женщины для неё не представляло труда. Естественно, кавалер проводил её домой. Лена не смогла попасть ключом в замочную скважину, т.к. спьяну дрожали руки. Кавалер взял у неё ключи, открыл входную дверь, ввёл в квартиру. Она стоит пьяная, шатается, в пальто, в обуви. Оставить в таком состоянии одну в квартире было невозможно. Кавалер решил снять с неё пальто и обувь, положить на кровать, накрыть, и уйти. В процессе снятия пальто и обуви, она потеряла равновесие и, чтобы не упасть, обхватила руками шею кавалера, их губы нашли друг друга, и они очутились в постели вдвоём. Не выходя из образа приличной женщины, Лена использовала свой богатый эротический опыт для обеспечения сексуального удовлетворения партнёру по высшему разряду, выражая тем самым свою любовь к нему. Очень скоро они зарегистрировали брак. До справки о беременности или после справки роли не играет, т.к. он вступил в брак добровольно. С его точки зрения Лена – идеальный вариант жены:

1. Симпатичная.
2. Работящая. С работы дали хорошие отзывы.
3. Хозяйственная. Приходила к нему на квартиру, наводила порядок, стирала, готовила.
4. Любит только его. С другими мужчинами дел не имеет. Друзья рассказали, что она всех отшила.
5. Хочет иметь детей.
6. В постели очень хороша. Чувствуется, что любит.

Избранник Лены оказался умным. Не упустил шанса заиметь хорошую жену и быстро принял решение.

На первый взгляд ситуация выглядит таким образом. Стерва, гулящая женщина, охмурила порядочного парня и женила его на себе. Рано или поздно, он разберётся, что она развратная женщина, и бросит её. Желаем ему сделать это как можно быстрее.

В этой логике есть ошибка. Личности духовно растут, и часто изменения происходят быстро. Лена, до принятия решения на вербовку, была развратной женщиной, бесцельно прожигающей жизнь. Вот к такому типу личностей вышеприведённая логика подходит. Но, после решения на вербовку, Лена стала целеустремлённой личностью, упорно стремящейся к достижению своей цели: найти отца для своих будущих детей, и построить крепкую семью. Она будет любить и уважать отца своих детей сознательно. Она уже битая, а за одного битого двух небитых дают. Так что её избраннику очень повезло, что он нашёл себе жену, хорошо подготовленную к семейной жизни.

Глава 2. Влияние цивилизации на секс

В человеческом обществе секс является естественным природным методом размножения людей. В результате дарвиновского естественного отбора секс приспособлен к доисторическому существованию людей, т.к. исторический период (цивилизации насчитывают несколько тысячелетий) слишком мал для биологической трансформации сексуальных реакций. Перечислим цели биологического секса:

1. Мужчина и женщина (партнёры секса) не должны упускать возможности иметь секс, если оба готовы для него. Сильные инстинкты будут принуждать их к этому.
2. Женщина может иметь секс сразу с несколькими мужчинами. Женская яйцеклетка для оплодотворения выберет из смеси сперматозоидов лучший, исходя из генетических соображений.
3. Для обеспечения прогрессивной биологической селекции (биологические особи должны выбирать для секса лучшего партнёра из доступных), в человека встроено сексуальное стремление, различное для доступных сексуальных партнёров. Шкалу сексуального стремления к партнёру можно изобразить следующим образом:
    1. любовь
    2. симпатия
    3. нейтральность
    4. антипатия

    Естественно, для секса выбирается доступный партнёр с наивысшим сексуальным стремлением.

Биологический секс предполагает полное равенство особей в группе первобытных людей. Дети не знают своего отца, т.к. женщина имеет много сексуальных связей с разными мужчинами. Более того, женщины часто имеют секс с группой мужчин одновременно. Дети в принципе не знали своего отца, знали только мать. Поэтому в первобытном обществе господствовал матриархат. Задача секса с точки зрения воспроизводства людей была спровоцировать как можно больше сексуальных актов. А дальше, как получится.

С появлением частной собственности задача секса с точки зрения воспроизводства людей принципиально меняется. Использование огня, появление земледелия, приручение животных, улучшение средств охоты и рыболовства резко увеличили количество населения. Возникли войны за ресурсы. Победители в войне захватывали имущество побеждённых и раздавали воинам армии победителей. Имущество включало:

1. Рабов
2. Землю
3. Скот
4. Строения
5. Деньги

Воины были мужчины. Частная собственность требует организации наследования имущества после смерти собственника. Возникает семья с одним мужчиной и одной или несколькими женщинами. Для передачи собственности по наследству нужны были дети. Вне семьи детей не должно было быть. Задача секса с точки зрения воспроизводства людей становится сексуальная активность внутри семьи, и только. Сексуальная активность вне семьи становится ненужной. У некоторых народов есть обычай вывешивать окровавленные простыни после первой брачной ночи. Это означает, что женщина не имела секса до становления партнёром в семье. В христианской религии есть знаменитая седьмая заповедь «Не возжелай жены ближнего», которая запрещает внесемейные сексуальные связи.

Новые семьи создавались, как правило, родителями партнёров создаваемой семьи, т.к. без помощи извне новая семья не могла стартовать. Для новой семьи нужно место для проживания (хижина и т.п.) и элементарные предметы для организации быта. Не было возможности для разводов. Уровень сексуального стремления не играл никакой роли при создании новой семьи. Будущие партнёры семьи не имели возможности влиять на выбор семейного партнёра для себя. С точки зрения секса функционировал принцип «Стерпится, слюбится.». В случае семейного насилия, избиваемый партнёр не мог уйти из семьи и обязан был терпеть это насилие. Как правило, мужчины, благодаря своей силе, доминировали в семье. В христианстве существовало высказывание «Жена да убоится мужа своего».

Драматические изменения произошли с духовным миром людей. Развитие производительных сил (электричество, автомобили, самолёты, спутники, атомная энергетика, компьютеры, банки, и т.п.) предъявили высокие требования к уровню образования людей. Каждый член современного общества в развитых странах обязан иметь, как минимум, 10-12 лет школьного образования. И требования к уровню образования всё время растут. Зарплаты образованных людей позволяют жить независимо от родителей. Развитый духовный мир людей создаёт новую проблему при совместном проживании партнёров в семье: **совместимость духовных миров партнёров**. Различия в религии, политических взглядах, когда и сколько иметь детей, и т.д. создают огромные проблемы для функционирования семьи. Современное общество отреагировало на это, разрешив создание семей без учёта мнения родителей, и свободу развода по требованию любого партнёра семьи.

В современной семье главным становится не секс, а сосуществование духовных миров партнёров семьи, главной целью которого является рождение и воспитание детей до момента их вхождения в самостоятельную жизнь. Секс продолжает играть важную роль. Без секса дети невозможны. Взятие детей из детских домов является исключением, доказывающим правило. Более того, секс играет огромную роль в эмоциональной сфере функционирования семьи. Дети очень чутко подмечают наличие эмоциональной связи между родителями. Конечно, можно вырастить детей без секса, пользуясь только сексом для преднамеренного зачатия детей. В истории такие случаи зарегистрированы, когда из религиозных соображений семьи использовали секс только для зачатия детей, т.к. остальной секс, по религии, является грехом. Хорошая эмоциональная связь родителей благотворно влияет на развитие детей (когда дети видят родителей целующимися, идущими на прогулке держась за руки, и т.п.)

Глава 3. Цивилизованный человек – существо биологическое, социальное, и целеполагающее

Человек имеет три характеристики:

1. Вершина биологического развития природы по Дарвину.
2. Продукт общества (личность).
3. Существо целеполагающее.

Человек должен уметь ходить и говорить. Если ребёнка до 5 лет не научили ходить, то позже его обучить ходить невозможно (Маугли невозможен). Если ребёнок до 10 лет не изучил язык с глаголами будущего и прошедшего времени, понятие времени у него отсутствует (племя с таким неразвитым языком было обнаружено учёными, и были попытки обучать их другим языкам). В разговоре такой ребёнок использует глаголы только в настоящем времени. Существо без прямохождения и речи назвать человеком сложно, а эти навыки человек получает только в социуме. Человек как продукт общества – это личность. Личность с острова, населённого людоедами, (такие острова существуют) не может существовать в цивилизованном обществе. Но маленький ребёнок с этого острова, выращенный в цивилизованной семье, является полноценным членом цивилизованного общества. В разных странах – разные социальные условия (религия, мораль, производственные отношения и т.д.). Взрослая личность не всегда может переехать в другую страну из-за несовместимости с социальной средой принимающей страны. Легкий пример, переезжающие в Израиль из СССР мужчины вынуждены делать обрезание (иначе будешь изгоем общества). Тяжёлый пример, мусульмане во Франции. Франции грозит исламизация. Факт, что человек – существо социальное, государства должны учитывать в иммиграционной политике. Все люди как социальные существа не равны. Они ни хуже, ни лучше. Они приспособлены к той социальной среде, где они выросли.

В процессе социализации у личности возникает духовный мир, обеспечивающий адаптацию личности в функционирующее социальное тело государства. Вновь прибывающие личности замещают выбывающих членов общества, и заполняют новые возникающие ниши в обществе, возникающие в связи с развитием общества. В настоящее время личность возникает на базе биологического человека, начиная с момента рождения, в процессе выращивания в рамках семьи (обучение прямохождению, речи, социальное общение внутри семьи). Но государству нужна подготовка личности к участию в социальной жизни государства (экономика, государственное управление, здравоохранение, образование, культура, армия, и т.п.). Семья не может обеспечить это полностью. Государство вынуждено создавать соответствующую систему бесплатного образования в общеобразовательных школах и т.п. Духовный мир современных людей должен позволять им участвовать в науке, в наукоёмких отраслях экономики, в здравоохранении, в искусстве, в культуре, реагировать на всё ускоряющееся развитие экономики и общества, сознательно участвовать в политической жизни страны. Видна невероятная сложность и разнообразие духовного мира современных личностей. Как могут такие сложные духовные миры личностей сосуществовать в рамках семьи как партнёры?

Функционирование личности осуществляется в направлениях:

1. Карьера
2. Семья
3. Хобби
4. Досуг

Карьера — это деятельность личности в обществе с целью обеспечения средств жизни (деньги, продукты питания, дача, и т.п.). А также специальная учёба для пополнения знаний в карьерной деятельности.

Семья включает участие в семье своих родителей в форме контактов с родителями, братьями, сёстрами, дедушками, бабушками, племянниками, и племянницами, а также участие в своей семье как партнёр (ведение семейного хозяйства, коммуникации с супругом, рождение и воспитание детей).

Хобби – это активность для удовольствия (волонтёрская деятельность, художественная самодеятельность, любительский спорт, и т.п.)

Досуг – заполнение свободного времени чтением книг, встречами с друзьями, прогулками, кино, театры, концерты, и т.д.

Как только личность становится партнёром семьи, как правило, расходы ресурсов (время и деньги) на хобби и досуг резко сокращаются, а то и вовсе исчезают. Расходы на семью, соответственно, увеличиваются. Сложнее с карьерами партнёров. Они должны быть согласованы. Оба не могут тратить много времени на карьеру. Не будет хватать времени на решение бытовых вопросов семьи. Часто, в решении многих бытовых вопросов семьи могут оказать помощь родители. Дедушки и бабушки, при возможности, с удовольствием тратят своё время на внуков. Но часты ситуации, когда оба партнёра создают семью, находясь в самом начале карьерного роста. Типичная ситуация для ранних браков, особенно сразу после школы. Один из супругов жертвует своим карьерным ростом и выполняет функцию материального и бытового обеспечения семьи. Второй партнёр усиленно работает над своим карьерным ростом. Например, учится в институте, потом в аспирантуре, защищает диссертацию, и получает работу в Академии Наук. А его партнёр, пожертвовавший своим карьерным ростом, остался рабочим на заводе. Естественно, духовный мир у кандидата наук невероятно шире, чем у заводского рабочего. Кандидату наук неинтересно жить вместе с рабочим. Возникает противоречие духовных миров партнеров, и семья, как правило, рано или поздно разваливается.

У некоторых личностей карьерное направление гипертрофировано, по разным причинам, настолько, что на семью, хобби, и досуг они практически не выделяют время. Естественно, их жизнь проходит без создания семьи. Примерами могут служить католические монахи, дающие обет безбрачия и посвящающие себя богу. Математик Григорий Перельман посвятил себя математике, и не тратил свою жизненную энергию на создание семьи. Каждый трудоголик является возможным кандидатом на персону, отказавшуюся от семьи ради посвящения себя какому-то виду деятельности, если какое-нибудь событие не собьёт его с пути трудоголизма. К счастью, таких людей не много, эти люди вносят огромный вклад в прогресс человечества, но на воспроизводство населения страны их безбрачие практически не влияет.

Глава 4. Воспроизводство населения и развитие социальной структуры общества в государстве

В настоящее время воспроизводство населения происходит в рамках государства, т.е. носит национальный характер (язык, обычаи, религия, законы). Исторически сложилось, что воспроизводство населения осуществляется в семьях (мужчина и женщина) и включает в себя

1. Рождение детей
2. Выращивание до гражданского совершеннолетия (в США 18 лет), или до включения в процесс самостоятельной социальной деятельности (после завершения учёбы в университете и аспирантуре)
3. Использование государственных и частных детских образовательных учреждений (детские ясли, детские сады, школы, музыкальные школы, спортивные секции, математические школы, школы рисования, танцевальные школы, и т.п.).
4. Специальное и высшее образование.

Межгосударственная конкуренция в военной и экономической сферах требует всё больше высокообразованных и интеллектуальных людей для этих и сопряжённых сфер. Современная семья может обеспечить процесс воспроизводства населения нужного качества и в нужном количестве только частично. Государство должно помочь семьям. Природные инстинкты, как правило, побуждают партнёров иметь как можно больше детей. Чем меньше дети, тем более «интересны» родителям. Это один из стимулов пополнять семью новыми детьми. Более того, несколько детей в семье порождает братское взаимодействие, взаимовыручку детей, покровительство старших над младшими. Существует утверждение, что, когда трое или более детей в семье, то они сами себя воспитывают. Родителей, согласных иметь более двух детей, много. Почему многодетных семей мало? Отсутствие достаточных материальных условий для большой семьи:

1. Достаточное по размеру жильё
2. Деньги для жизнеобеспечения ребёнка (еда, одежда, плата за детские ясли, и т.д.)
3. Наличие детских яслей
4. Наличие детских садиков
5. Карьерные потери, как минимум, у женщин. На новорождённого женщина тратит от одного до трёх лет. За время отсутствия на работе из-за ребёнка, профессиональные знания устаревают.
6. Сложности обеспечить всем детям посещать музыкальные школы, спортивные секции, математические школы, школы рисования, танцевальные школы, и т.п.
7. Высокая цена получения высшего образования
8. Цена здравоохранения

Первые четыре пункта государство должно решать по мере возможностей. Возможные методы решения очевидны. Пятый пункт сложнее, но думать в этом направлении нужно. Шестой пункт частично можно решать с помощью дедушек и бабушек. Решение седьмого и восьмого пунктов целиком в руках государства.

Каждая семья хочет, чтобы её дети были не ниже уровня родителей. Это естественно:

1. Когда дети станут взрослыми, родителям будет интересно проводить с ними время.
2. Имиджевые приобретения родителей от успешных детей.
3. Осознание, что жизнь прожита не зря, таких хороших членов общества удалось вырастить (как минимум, себе на замену).

Даже два ребёнка оказывают большое бытовое давление на семью. Как правило, без помощи дедушек и бабушек, обойтись трудно:

1. Отвозить детей в школу и забирать их со школы
2. Регулярно возить детей в спортивные секции, музыкальную или математическую школу, и т.п.
3. Получить возможность сходить на свадьбу друзей или иное мероприятие, оставив детей на дедушек и бабушек
4. Хоть иногда съездить в отпуск без детей
5. Когда детские ясли, детский сад, или школа не работают, оставить детей дедушкам и бабушкам

Детям комфортно, когда дедушки и бабушки проводят время с ними. Проверено, что люди любят своих внуков больше, чем любили своих детей. Детям полезно купаться в любви дедушек и бабушек. Это обогащает их социальный опыт, развивает в них доброту. С этой точки зрения государство не должно повышать возраст ухода на пенсию.

Глава 5. Роль цивилизованной семьи в воспроизводстве населения государства

 С точки зрения воспроизводства населения в государстве всё население удобно разделить на следующие группы:

1. Аристократия
2. Финансисты и промышленники
3. Средний класс
4. Бездомные

Аристократия. Семьи в этой группе создаются из партнёров, которые принадлежат только этой группе, с обязательным участием родителей в создании семьи. Старая аристократия является примером такого населения. Новый правящий класс в некоторых странах часто оказывается тоже в этой группе. Создание семьи и разводы происходят очень специфически с социальной точки зрения. С точки зрения воспроизводства населения, цель функционирования семьи - выращивание наследников, кадры для управления имуществом и государством. Бытовые вопросы семьи решаются только с привлечением наёмной рабочей силы (няни, гувернантки, уборщицы, повара, служанки, горничные, домработницы, репетиторы, и т.п.)

Финансисты и промышленники. Семьи в этой группе создаются, как правило, из соображений объединения собственности, финансов, и влияния, с обязательным участием родителей. Второй партнёр в такой семье не обязательно из этой группы населения, но это, как правило, исключение. Создание и развод такой семьи перегружен юридическими вопросами, регулирующими управление собственностью внутри семьи. Бытовые вопросы семьи решаются с привлечением наёмной рабочей силы в значительных объёмах (няни, гувернантки, уборщицы, повара, служанки, горничные, домработницы, репетиторы, и т.п.) С точки зрения воспроизводства населения, цель функционирования семьи - выращивание менеджеров для финансовой и промышленной сфер.

Средний класс. Семьи в этой группе выполняют всю, или почти всю, бытовую внутрисемейную работу самостоятельно. У них нет финансовой возможности нанять рабочую силу на рынке труда для существенной помощи в выполнении внутрисемейных работ. Создание такой семьи осуществляется без существенного влиянию родителей, т.к. им ничего не нужно от родителей для создания семьи. Внутрисемейные финансовые возможности позволяют семье функционировать практически без помощи родителей. Семья возникает добровольно с полным равенством партнёров (юридическим и фактическим), т.к. каждый из партнёров имеет достаточно ресурсов для жизни после развода самостоятельно с детьми или без. В настоящее время только верхушка среднего класса удовлетворяет этим условиям. Но очевидна тенденция подтягивания остальных слоёв среднего класса к этому уровню. В России работники государственной сферы экономики, составляющей 50% экономики страны, принадлежат к среднему классу. Требования к уровню образования рабочей силы непрерывно растут по мере развития науки и техники. По прогнозам в США к 2050 году 80% рабочей силы на рынке труда должны иметь образование не менее чем степень бакалавра. С ростом уровня образования населения будут расти зарплаты. Более того, возникающие наукоёмкие технологии вынуждают государство брать их под государственное управление. Люди, работающие на государство, имеют хорошие материальные условия (медицинская страховка и т.п.), и относятся к среднему классу. Растёт производительность труда в экономике, что позволяет увеличить количество материальных благ, распределяемых населению.

Такая семья, назовём её цивилизованной семьёй, строится на двух принципах:

1. Добровольность участия, независимость от родителей при создании семьи
2. Равенство партнёров на развод и возможность инициировать развод в любой момент.

С точки зрения государства, цель цивилизованной семьи – рождение и воспитание детей. Обратите внимание, с точки зрения государства сексуальные отношения между партнёрами в цивилизованной семье не определяются, за исключением иметь секс с целью зачатия детей. Формально, ни о какой любви речи не идёт. Более того, государству безразлично, произойдёт зачатие естественным путём, или искусственным оплодотворением. Обязанность семьи выносить, родить, и вырастить ребёнка. И не одного, а не менее двух, желательно трёх и более детей. Демографы утверждают, что для удержания численности населения в государстве на том же уровне, должно быть 2,1 ребёнка на семью. Возникает серьёзный моральный вопрос. Что делать с остальным сексом? Мы получили секс в наследство от доисторического периода развития человечества. Сейчас обществу (государству), технически, секс нужен только для зачатия детей в рамках семьи.

Упрощённо, с точки зрения государства, цивилизованная семья – это фирма, созданная двумя партнёрами с целью зачатия, рождения, и воспитания детей. В виду чрезвычайной важности таких фирм для судьбы государства, государство всячески помогает нормальному функционированию этих фирм.

Бездомные. В эту группы включаются все люди, оформленные брачными договорами или нет, которые физически, или по другим соображениям, не могут выращивать появившихся детей. Такие дети сдаются в государственные детские дома. Примером могут служить люди без дома. Без крыши над головой растить ребёнка невозможно. Некоторые матери-одиночки не имеют материальных возможностей растить детей и сдают детей в детдом.

При создании семьи аристократов, финансистов, и промышленников, вопросы собственности, финансов, и статуса играют центральное значение, и, как правило, семьи не могут возникать без разрешения родителей. Стартующая семья, обычно, получает от родителей ресурсы для начала семейной жизни. Принципы функционирования таких семей значительно отличаются от принципов функционирования цивилизованной семьи и являются излюбленной темой писателей, которые любят сталкивать любовь со статусом и деньгами при попытке создания такой семьи. Цивилизованная семья возникает и функционирует, в основном, без помощи родителей за счёт своих внутрисемейных ресурсов. Моральный климат внутри цивилизованной семьи самый человечный. Внутри цивилизованной семьи вопросы статуса, финансов, и собственности не присутствуют. Материнская и отцовская любовь в цивилизованных семьях действует напрямую. А в других видах семьи через нянь, репетиторов, горничных, и т.п. Братская любовь между детьми не искажена конкуренцией за долю наследства и пронизана взаимопомощью и навыками взаимодействия и сотрудничества между детьми, не искажёнными наличием нянь и воспитателей. В детях вырабатываются:

1. Заботливость о членах семьи
2. Эмпатия
3. Оценка людей по их личным качествам, а не за статус, деньги, и фирменные шмотки.
4. Стремление прийти на помощь человеку, попавшему в беду.

Выходцы из семей аристократов, финансистов, и промышленников этими качествами, как правило, не обладают. Внутри таких семей и в кругу их общения на поведение и оценку людей сильное влияние оказывают статус, финансы, фирменные шмотки, конкуренция за долю наследства.

Семьи аристократов, финансистов, и промышленников в этой книге рассматриваться не будут. Будут изучаться только цивилизованные семьи. Они составляют, или будут составлять в достаточно обозримом будущем, большинство семей современных развитых государств. Их влияние на численность населения в государстве будет главным. Для упрощения терминологии, в дальнейшем вместо термина ЦИВИЛИЗОВАННАЯ СЕМЬЯ будет использован термин СОВРЕМЕННАЯ СЕМЬЯ, а иногда и просто СЕМЬЯ в некоторых очевидных случаях, исключающих путаницу.

Глава 6. Соотношение личности и семьи

Функционирование личности осуществляется в направлениях:

1. Карьера
2. Семья
3. Хобби
4. Досуг

Современная семья строится на двух принципах:

1. Добровольность участия, независимость от родителей при создании семьи
2. Равенство партнёров на развод и возможность инициировать развод в любой момент.

Цель современной семьи – рождение и воспитание детей до начала их самостоятельного функционирования в социальной структуре общества, как минимум, до гражданского совершеннолетия, как правило, до получения дополнительного высшего и специального образования.

Государство рассматривает семью как фирму, состоящую из мужчины и женщины, которые объединяются в семью добровольно, с равными правами, ведут общее хозяйство, в рамках которого рождаются и выращиваются дети.

Стимулы для личности, чтобы создать семью:

1. Врождённый инстинкт иметь детей. Особенно силён женский материнский инстинкт. У мужчин этот инстинкт выражен слабее. С возрастом давление этого инстинкта усиливается.
2. Моральное давление общества на «закоренелых холостяков» и «старых дев» давит на одиноких в направлении «остепениться» и создать семью.
3. Сексуальный инстинкт в форме «любви» ослепляет людей и толкает их к созданию семьи. К сожалению, такие семьи часто «забывают», что цель семьи – дети, а не секс. Без секса дети невозможны. Но для секса без детей семья не обязательна. Достаточно сожительство без регистрации брака. Многие пары сначала живут вместе без регистрации брака (сожительство), а после достижения достаточного возраста (назовём это гражданской зрелостью) понимают, что им хочется и нужно иметь детей, что ведёт к регистрации брака.

Важно отметить, что семьи, созданные по первому или второму стимулам, создаются с целью выращивания детей. Секс имеет вспомогательную роль. Партнёры проверяют только приемлемость партнёра с сексуальной точки зрения (сексуальное стремление симпатия или нейтральность). Главное для таких семей проверить свойства партнёра, важные при ведении совместного семейного хозяйства во время выращивания детей.

Семьи, созданные по третьему стимулу (по любви), на первое место ставят секс. В таких семьях есть два слабых места:

1. Любовь ослепляет и мешает проверить свойства партнёра с точки зрения рождения и воспитания детей. Не проверяется психологическая готовность к тяжёлой работе в домашнем хозяйстве при выращивании детей.

2. Роль секса в семейной жизни гипертрофируется. Со временем любовь слабеет. Партнёры привыкают к сексу друг с другом, и их тянет на разнообразие сексуальных партнёров. Внутрисемейная сексуальная жизнь объективно со временем скучнеет. Партнёров тянет «на сторону». Если детей нет, то такой брак распадается. Если дети есть, то есть шансы, что благоразумие партнеров позволит им совладать со своими сексуальными инстинктами ради детей. Если есть дети и один из партнёров осуществляет секс вне семьи, то помимо серьёзного морального ущерба чреватого разводом, семье как фирме наносится ущерб:

    - гуляние на стороне имеет серьёзные материальные расходы на рестораны, гостиницы, «командировки», аренду квартир для свиданий, подарки, и т.п. Это воровство семейных финансовых ресурсов

    - трата времени на внесемейные сексуальные мероприятия вместо проведения времени с детьми и с партнёром

    - находясь в семье, голова у гулящего партнёра занята мыслями о внешнем сексуальном партнёре. Ведётся активная телефонная связь с внешним сексуальным партнёром вместо выполнения внутрисемейных обязанностей

    - эмоциональная сексуальная энергия тратится вне семьи, и свой внутрисемейный сексуальный партнёр обделяется положительными эмоциями.

В современной семье главным становится не секс, а сосуществование духовных миров партнёров семьи в процессе функционирования семьи. Карьеры и участие в семейном хозяйстве обоих партнёров должны быть согласованы. Карьеры должны обеспечить достаточный финансовый доход для содержания семьи. Внутрисемейные работы должны быть распределены. Около детей очень много работы, и все работы должны быть сделаны. Но наиболее сложным является идеологическая согласованность духовных миров. Например, партнёру с высшим образованием не интересно быть в одной семье с партнёром, имеющим только школьное образование, хотя их карьеры обеспечивают достаточный финансовый доход и участие во внутрисемейных работах хорошо сопрягается. Идеологическая несогласованность духовных миров партнёров является главным источником разводов. Проблема усугубляется динамикой духовных миров, которые могут развиваться (например, в процессе учёбы) или деградировать (например, от пристрастия к алкоголю). Проверено, что наличие детей не уберегает семьи от разводов по идеологическим причинам.

Глава 7. Противоречие секса как биологической потребности человека и воспроизводственной цели семьи

В человеческом обществе секс является естественным природным методом размножения людей. В результате дарвиновского естественного отбора секс приспособлен к доисторическому существованию людей, т.к. исторический период (цивилизации насчитывают несколько тысячелетий) слишком мал для биологической трансформации сексуальных реакций. Перечислим цели биологического секса:

1. Мужчина и женщина (партнёры секса) не должны упускать возможности иметь секс, если оба готовы для него. Сильные инстинкты будут принуждать их к этому.
2. Женщина может иметь секс сразу с несколькими мужчинами. Женская яйцеклетка для оплодотворения выберет из смеси сперматозоидов лучший, исходя из генетических соображений.
3. Для обеспечения прогрессивной биологической селекции (биологические особи должны выбирать для секса лучшего партнёра из доступных), в человека встроено сексуальное стремление, различное для доступных сексуальных партнёров. Шкалу сексуального стремления к партнёру можно изобразить следующим образом:
   1. любовь
   2. симпатия
   3. нейтральность
   4. антипатия

   Естественно, для секса выбирается доступный партнёр с наивысшим сексуальным стремлением.

Биологический секс предполагает полное равенство особей в группе первобытных людей. Дети не знают своего отца, т.к. женщина имеет много сексуальных связей с разными мужчинами. Более того, женщины часто имеют секс с группой мужчин одновременно. Дети в принципе не знали своего отца, знали только мать. Поэтому в первобытном обществе господствовал матриархат. **Задача секса с точки зрения воспроизводства людей была спровоцировать как можно больше сексуальных актов.** А дальше, как получится.

С развитием социальной структуры общества происходит социальное расслоение (например, рабовладельцы и рабы). Возникает частная собственность, которая требует организации механизма наследования имущества после смерти собственника. В виду мужского участия в войнах и получения военных трофеев в собственность, матриархат замещается патриархатом. Мужчины становятся во главе семьи с одним мужчиной и одной или несколькими женщинами. Для передачи собственности по наследству нужны были дети. Вне семьи детей не должно было быть. Шкала сексуального стремления перестаёт работать (рабу не позволено воспылать страстью к рабовладельцу). **Задача**

секса с точки зрения воспроизводства людей становится сексуальная активность внутри семьи, и только. Сексуальная активность вне семьи становится ненужной.

Эволюция надстроила психологические методы сознательного контроля над инстинктами (жажда, голод, секс). Воля (волевые процессы) позволяют человеку сконцентрировать своё внимание на конкретной сиюминутной деятельности (цели), игнорируя сигналы организма о потребностях, которые можно отложить. Вырабатывались социальные правила (нормы) удовлетворения потребностей в питье, еде, сексе. Секс оформили в рамках семьи, и в религиозных правилах провозгласили: «Не возжелай жены ближнего».

До появления развитого капитализма, мужчины и женщины были рассредоточены и могли сексуально контактировать только внутри семьи, исключая, конечно, правящую верхушку с её балами и со служанками, часто подвергавшимися сексуальному насилию. Но с появлением развитых производств и институтов, использующих совместный труд мужчин и женщин, мужчины и женщины сотрудничают в процессе труда, инстинкты биологического секса начинают работать. Секс получает возможность свободно выходить за рамки семьи. Особенно развивается сексуальная эксплуатация женщин их непосредственными начальниками. И это массовое явление. Секс вне семьи, перестав быть тайной, в современной семье приводит к разводу. Второй партнёр не захочет терпеть предательство, и воспользуется своим правом и возможностью для развода, особенно учитывая, что суды решают разводные дела в пользу обманутого супруга. Появление финансовых возможностей посещать кафе, бары, и рестораны, где потребляется алкоголь, снижающий волевую защиту поведения человека, резко расширяет сферу действия инстинктов биологического секса. Биологический секс вне семьи – смертельная угроза современной семье. Если есть дети и один из партнёров осуществляет секс вне семьи, то помимо серьёзного морального ущерба чреватого разводом, семье как фирме наносится ущерб:

1. сексуальные приключения вне семьи имеют серьёзные материальные расходы на рестораны, гостиницы, «командировки», аренду квартир для свиданий, подарки, и т.п. Это воровство семейных финансовых ресурсов
2. трата времени на внесемейные сексуальные мероприятия вместо проведения времени с детьми и с партнёром
3. находясь в семье, голова у гулящего партнёра занята мыслями о внешнем сексуальном партнёре. Ведётся активная телефонная связь с внешним сексуальным партнёром вместо выполнения внутрисемейных обязанностей
4. эмоциональная сексуальная энергия тратится вне семьи, и свой внутрисемейный сексуальный партнёр обделяется положительными эмоциями.

Секс вне семьи - яркое проявление эгоизма. Личный интерес в форме сексуального удовлетворения предпочитается внутрисемейным интересам. Это также демонстрирует силу инстинктов биологического секса.

С развитием духовного мира общества вырабатывается инстинктивная сексуальная реакция на духовный мир человека, в дополнение к биологическим факторам. Хороший пианист, хороший певец, поэт, хороший специалист в какой-то области знаний, понимающими субъектами противоположного пола воспринимаются, как минимум, объектами симпатии. Возникает даже ПЛАТОНИЧЕСКАЯ ЛЮБОВЬ, суть которой - относительная независимость от физических характеристик объекта любви. В людях развивается стремление к духовному общению, при котором биологический секс является простым дополнением. Таким образом биологический секс обёртывается общением духовных миров партнёров. Вместо биологического секса возникает общение духовных миров партнёров, в котором биологический секс является дополнением, не самой важной частью. Современные развитые мужчина и женщина стремятся к общению их духовных миров, используя биологический секс для углубления эмоционального общения. При общении духовных миров партнёров возникает ощущение глубокой духовной близости, желание быть вместе, и отсутствие затемняющей рассудок любви, присущей биологическому сексу. Секс воспринимается как продолжение общения духовных миров. Таким образом биологический секс перестаёт работать напрямую, а работает как продолжение духовного общения партнёров.

Глава 8. Отличие современной семьи от сожительства

Современная семья по терминологии этой книги, обозначает мужчину и женщину, соединившихся друг с другом на всю оставшуюся жизнь с целью рожать детей и растить рождённых детей до самостоятельности. Если мужчина и женщина хотят жить друг с другом вместе ради секса, или ради совместного ведения хозяйства без цели рожать и растить детей, то это не семья. Будем называть это сожительством. Возможны ситуации, когда мужчина и женщина создают семью, но по медицинским причинам у них нет детей. Семья превращается в сожительство. Мужчина и женщина могут съезжаться вместе с целью совместного ведения хозяйства и секса, но из карьерных или каких-то других соображений не желающих иметь детей. Получается сожительство, которое в любой момент без всяких юридических проблем может быть прекращено. Если они поймут, что они доросли до желания иметь детей, и они составляют надёжную пару для рождения и воспитания детей, они зарегистрируются как семья. После этого прекратить совместное проживание и ведение совместного хозяйства можно только с помощью юридической процедуры развода. Сожительство становится популярным среди молодёжи. Его легко потом оформить как семью. Перед оформлением семьи пара проверяет совместимость своих духовных миров в процессе совместного проживания в рамках сожительства. К сожалению, такая проверка не является полной, т.к. совместное проживание осуществляется без детей. Появление детей резко увеличивает бытовую нагрузку внутри семьи, и часты случаи, когда один из партнёров не выдерживает и бросает семью. В процессе сожительства иногда возникает беременность, и часты случаи, когда мужчина бросает женщину со словами: «Я не готов к созданию семьи.» В любом случае предварительное сожительство перед созданием семьи выглядит полезным, т.к. даёт возможность проверить совместимость духовных миров будущих супругов в процессе совместного проживания. Это уменьшает вероятность будущего распада семьи. При наличии детей, развод наносит психологическую травму детям. Живя под одной крышей и ведя совместное хозяйство приходится делить бытовую нагрузку и совместно проводить досуг. Духовные миры партнёров драматически различаются. Психология и мышление мужчин совершенно иные, чем у женщин. В конфликтных ситуациях оба должны разобраться в себе и понять, где можно и нужно уступить, а где, наоборот, твёрдо защищать свои принципы. Не у всех пар получается разумное разрешение конфликтных ситуаций. Выигрышная, на первый взгляд, мужская стратегия всегда уступать женщине не работает. Женщине не нужен мужчина, который во всём уступает. Женщине нужен мужчина со стержнем, у которого есть своё «Я», своя жизненная позиция. И возникает проблема, как согласовать мужскую и женскую жизненные позиции под одной крышей. Один из полезных советов – это рассуждать по принципу «мне всё равно, а партнёру приятно». Во многих случаях это помогает разрешить конфликтную ситуацию, но не всегда. Второй полезный совет, имея в виду будущее создание семьи и появление детей, «Нужно ли мне уступить ради будущего моих будущих детей?». Оба партнёра должны научиться жить, ставя на первое место интересы будущей семьи. Без этого функционирование семьи не будет устойчивым.

Сожительства мужчины и женщины могут оформляться как семья, но не иметь детей как цель. Примеры использования таких сожительств:

1. Совместная жизнь с общим хозяйством и сексом, но без детей.
2. Совместная жизнь с общим хозяйством без секса. Как правило, используется партнёрами в пенсионном возрасте.
3. Уход за больным или старым партнёром, с последующим получением его имущества в наследство

Оформление таких сожительств как семья осуществляется для использования юридических механизмов наследования в семье.

Эпилог

Человек – существо биологическое, социальное, и целеполагающее. Воспроизводство человека как биологического существа одинаково во всём историческом процессе.

Социальная же архитектура общества усложнилась драматически. Чтобы подготовить человека к функционированию в современном обществе, его нужно учить (социализировать) много лет (школа, институт, аспирантура, и т.п.). Раньше достаточно было в рамках семьи научить ребёнка прямохождению, разговорному языку, и простейшим трудовым процессам (например, в крестьянских семьях при феодализме). Сейчас каждый ребёнок к зрелому возрасту должен быть готов к вождению автомобиля, работе на компьютере, использованию банковской системы, работе на предприятиях со сложным оборудованием, созданию семьи, и т.д. Нужно дать каждому человеку какое-то минимально необходимое образование на довольно высоком уровне просто для возможности жить в современном обществе. Большую массу людского пополнения нужно готовить для работы в НИИ и наукоёмких профессиях. Обществу нужны гармонично (всесторонне) развитые личности для участия в социальной и политической жизни страны. Дополнительное внешкольное образование приобретает всё большее значение (спорт, танцы, музыка, математика, рисование, и т.д.) По мере автоматизации и роботизации трудовых процессов доля низкоквалифицированного труда будет падать. Потребность в высокообразованных людях будет возрастать. Современная семья производит людей как биологические объекты и осуществляет начальную социализацию: обучает прямохождению, разговорному языку, создаёт бытовую среду для существования ребёнка, приспосабливает к функционированию в рамках семьи, вместе со школой учит учиться (следит за выполнением домашних заданий и помогает в их выполнении). Для более широкой и глубокой социализации (социального развития) своих детей, не требуемой государством в обязательном порядке (обязательной является общеобразовательная школа), семья использует частные и государственные учебные заведения в областях спорта, музыки, танцев, и т.п.

Современная семья должна обеспечить каждого ребёнка бытовыми условиями:

1. Крыша и место для сна
2. Место для игр и выполнения домашних заданий
3. Питание и одежда
4. Доступ к системе здравоохранения
5. Доступ к государственной системе образования (школы)
6. Дошкольное воспитание (желательно детские ясли и детские сады)
7. Посещение мест дополнительного внешкольного образования (спортивные секции, музыкальные школы, танцевальные академии, и т.д.)

При этом один или оба партнёра должны работать и зарабатывать деньги на существование семьи. Очевидно, что чем больше детей, тем бытовая нагрузка на семью больше. Уже имея двух детей, семье сложно обеспечить доставку детей в места дополнительного внешкольного образования, если каждый ребёнок имеет два увлечения. Дети постарше могут самостоятельно пользоваться общественным транспортом, но младшеклассники нуждаются в сопровождении взрослых. Как минимум, одного ребёнка каждая современная семья будет иметь (иначе это будет сожительство, а не современная семья). Если государство не поможет современной семье, то дополнительные дети появляться не будут, цель иметь не менее чем 2,1 ребёнка на семью не будет достигнута, и население государства будет уменьшаться до полной политической гибели.

В современном обществе развито потребительское отношение к жизни. Перед взрослым человеком стоит дилемма: жить для себя, или тяжело работать внутри семьи ради выращивания своих детей. Если человек живёт для себя и не трудится над выращиванием замены себе, то после него нет выращенных им детей, и нет выращенных им носителей потребительской идеологии, выражаемой в словах: «Дети - цветы жизни, но лучше, когда они цветут в чужом огороде.» Такие люди вымирают, не оставляя потомства. В результате дарвиновского естественного отбора выживает (появляется) только потомство от людей, для которых выращивание детей является естественной традиционной потребностью. Дети перенимают семейные традиции от своих родителей, что является для общества источником живучести социального инстинкта (потребности) иметь детей. Некоторые идеологические воздействия могут действовать уничтожающе на семейную идеологию. Каждый гражданин был выращен в какой-то семье, (морально) обязан создать семью, и вырастить в рамках семьи не менее двух детей. Государство должно препятствовать появлению антисемейных идеологий (например, однополые браки, изменение пола).

www.ingramcontent.com/pod-product-compliance
Lightning Source LLC
Chambersburg PA
CBHW061757260326
41914CB00006B/1137